GALERIE CÉLESTE

CARTES DE MÉDITATION

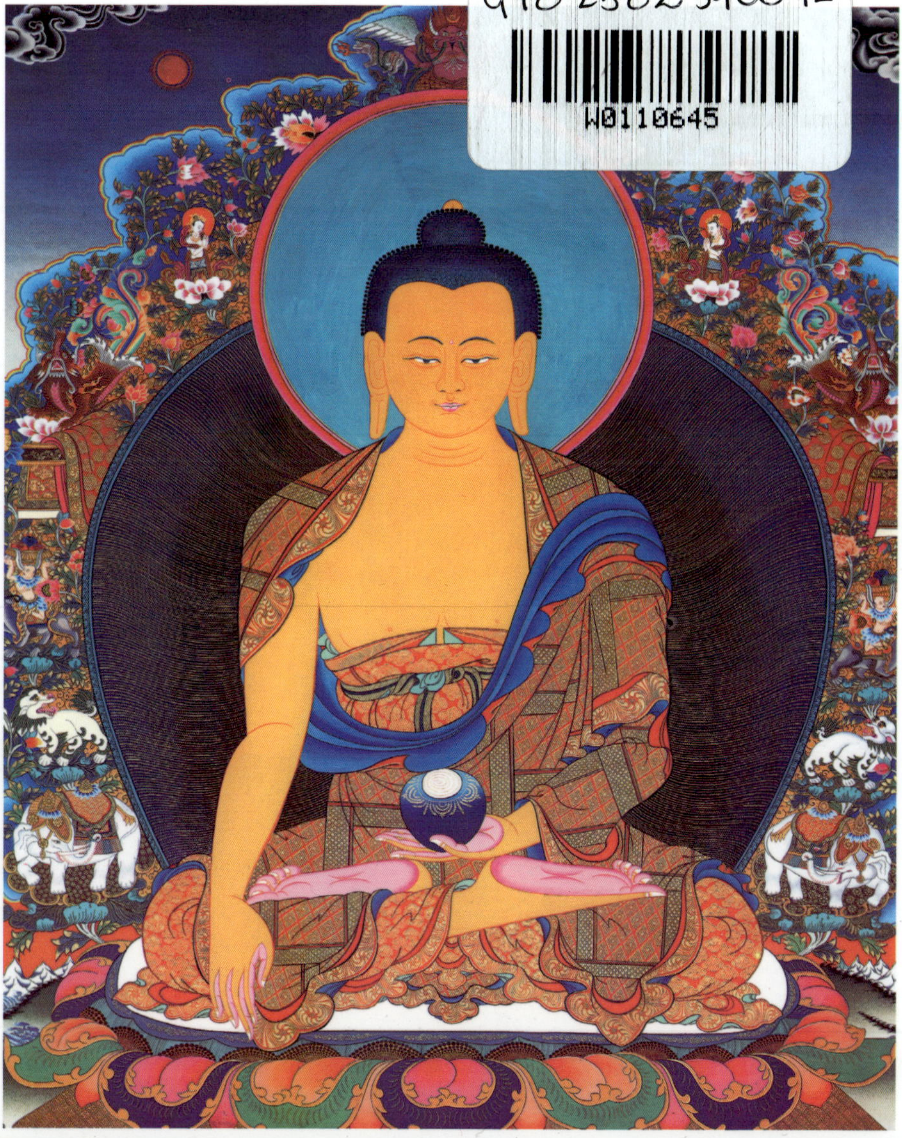

Introduction

«Une grande œuvre d'art est une porte vers le Divin. Les peintures de cette Galerie Céleste s'inspirent de l'antique sagesse des traditions hindoue et bouddhiste qui, depuis des siècles, expriment certaines des idées spirituelles les plus profondes de l'humanité. Dans le même temps, ces images somptueuses transcendent totalement leur lieu d'origine. En tant qu'expressions archétypales d'une vision libérée, ces peintures reflètent en dernier ressort notre potentiel intrinsèque : la possibilité d'une liberté spirituelle totale, l'illumination.

Dans les pratiques méditatives du bouddhisme tantrique, les pratiquants engendrent des mandalas au sein de leur propre conscience, et les formes peintes servent alors de supports à un processus intérieur de transformation mentale et spirituelle. J'ai souvent utilisé de tels mandalas dans mes propres méditations, dans lesquelles je rencontre le royaume des êtres divins et mobilise ces énergies dans ma vie quotidienne. Les mandalas et les royaumes visionnaires qu'ils invoquent sont des invitations à pénétrer dans un monde qui n'est limité que par notre imagination. Dans ce contexte, l'art – sa création tout autant que sa contemplation – est un moyen de découvrir notre plein potentiel, la divinité en nous.

Lorsque vous contemplez les peintures de cette Galerie Céleste, laissez derrière vous les préoccupations de la vie quotidienne : emplois du temps, rendez-vous, rêves et aspirations. Dans une pièce sombre, laissez votre regard se déplacer doucement de la périphérie vers le centre du mandala, vers le sanctuaire intérieur, et finalement vers le *bindu*, le point au centre absolu qui représente l'Infini. Adoptez une attention non focalisée, non concentrée, qui vous invite spontanément dans le sanctuaire intérieur du mandala, et finalement, en passant par le saint des saints, dans le vide infini. Méditez sur ces peintures, et un nouveau monde s'ouvrira à vous. Au début, vous rencontrerez un royaume intérieur qui vous était jusque-là dissimulé. Avec la pratique, vous serez en mesure de vivre ce même monde miraculeux dans votre vie de tous les jours.

Fermez les yeux et laissez les images continuer à habiter votre esprit. Découvrez que la Galerie Céleste n'a ni murs ni toiture : elle s'étend jusqu'aux confins de l'esprit et de l'univers. Nous sommes les artistes de notre propre destinée, et les peintures présentées ici ne sont que les jalons d'un parcours sans début ni fin. L'artiste se fond dans son art, tout comme celui qui le contemple profondément. Reconnaissez au cœur de votre être la lumière de la pure conscience, qui est pure potentialité, pure créativité. En manifestant en soi la myriade de formes de la Galerie Céleste, on reconnaît progressivement que des mondes infinis vont et viennent au sein de la vaste étendue de notre propre être.» – DEEPAK CHOPRA.

Le Mandala de Shri Yantra

Om !

Shri yantra est l'énergie tantrique de création. Elle révèle l'interconnexion fondamentale des opposés : forme et vacuité, esprit et matière, masculin et féminin. Méditez sur l'union sacrée du père et de la mère manifestée dans ce monde matériel, et le véritable équilibre dynamique – rayonnant au cœur de toute existence – sera révélé. Guérissez de l'illusion de la séparation et de l'aliénation – contemplez cette image de connexion divine et sachez que vous n'êtes pas seul.

INSÉPARABILITÉ

Chengreshi à 1000 bras

Om ! Mani ! Padme ! Hum !

Avalokiteshvara, le Seigneur infini de l'Amour, étend ses bras dans toutes les directions pour éveiller le cœur de compassion en chacun. Comme l'enseigne le Dalaï-Lama – une manifestation de Chengreshi – reconnaissez votre soi compatissant et vous aurez vous aussi la puissance de mille bras et de mille yeux. Vous n'êtes pas seul dans le royaume de la compassion – beaucoup sont sur ce chemin. Éveillez le bodhisattva passionné en vous.

Chantez Om ! Mani ! Padme ! Hum !
Visualisez-vous en tant qu'être compatissant.

COMPASSION

Avalokiteshvara

Chantez Om ! Maní ! Padme ! Hum !

Assis sur les sphères du soleil et de la lune, Avalokiteshvara est le plus important de tous les bodhisattvas. Cette grande divinité tient doucement sur son cœur un joyau qui exauce les souhaits, reflétant cette sagesse transcendante : la bonté engendre la bonté, et blesser autrui revient à se blesser soi-même. Tout ce qui se passe dans nos vies, directement ou indirectement, est le résultat de nos aspirations. Souhaitez des bienfaits pour tous ; éveillez l'être bienveillant en vous ! Manifestez-vous en tant que bodhisattva compatissant, et transformez votre monde en un monde de compassion.

ALTRUISME

Le cosmos de la compassion

Om Ah Hum

Contempler ces peintures célestes peut être un voyage extatique vers la conscience transcendante, au-delà du plaisir et de la douleur, du gain et de la perte, de l'éloge et du blâme ; au-delà de l'ignorance, du doute, de la colère, de la jalousie, de la peur et des nombreuses illusions de la perception limitée. Regardez profondément en vous ; tournez-vous vers le monde sans préjugés, et apprenez à tout voir comme un paradis céleste. Vous réaliserez que vous aussi, vous êtes un bodhisattva de compassion, et que toutes les divinités compatissantes sont à l'œuvre en vous. Votre monde peut devenir une réalité céleste et un foyer pour la sagesse transcendante.

CONSCIENCE ALTRUISTE

Palden Lhamo

Om Ah Hum Vajra Guru Padma Siddhi Hum

Accueillant joyeusement tout ce qu'habituellement nous réprimons, Palden Lhamo, la « déesse glorieuse », chevauche une mule à travers une mer de sang dans un univers de ténèbres flamboyantes. Éveillez-vous à la déesse obscure, destructrice de la complaisance, dissipatrice de la perception erronée, et maîtresse des charniers qui sont à la fois l'ombre et l'efflorescence de notre psyché la plus profonde. Regardez en vous et accueillez vos propres afflictions ; devenez une lumière pour les autres dans votre vie ! Permettez-lui de transformer vos peurs, et vous serez guidé par cette Mère Divine ! Palden Lhamo, mère courroucée et protectrice de la foi bouddhiste, ouvre et éclaire la voie pour toute l'humanité.

INTRÉPIDITÉ

Tara Blanche

Om Tara ! Tou ! Tara ! Tourey ! Swaha !

Salvatrice, protectrice suprême, dispensatrice de longévité, réalisatrice des désirs terrestres et mère de tous les bouddhas, ce grand boddhisattva de compassion est là pour éveiller le cœur de la bienveillance aimante dans tous les êtres. La déesse Tara jaillit des larmes gelées versées par Amitabha au moment où, sur le point d'entrer dans son nirvâna, il se retourna et regarda tous ceux qu'il laisserait derrière lui. Connectez-vous à cette grande protectrice et préservatrice de la vie. Chantez Om Tara ! Tou ! Tara ! Tourey ! Swaha ! *et manifestez-vous en tant que* Tara Blanche, *la mère de tous ! Vous deviendrez un lotus de guérison pour le monde qui souffre.*

COMPASSION ACTIVE

Cakrasamvara

La roue de la félicité suprême est la représentation d'un esprit éveillé – le désir et la colère sont changés en compassion euphorique. Au centre, le père et la mère sacrés se manifestent en tant que votre mental, votre corps et votre esprit, faisant ainsi de ce monde matériel une réalité ! Masculin et féminin, sagesse et compassion, vacuité et moyens habiles ; aspirez à vivre dans la force de vie créatrice, au-delà des espoirs, des désirs, des préférences et des peurs. Il n'y a aucune séparation entre soi et autrui. Transformez des réponses timides en un engagement radical dans la vie. Regardez en vous, vous êtes le cosmos de félicité se manifestant dans l'harmonie de l'univers !

UNION SACRÉE

Tara Dorée

Padme Siddhi Hum

Assise dans un lotus en fleur au sommet d'une sphère lunaire, Tara Blanche abaisse sa main droite dans un geste de « don suprême ». Tout comme ce précieux lotus s'élève hors de la vase pour fleurir immaculé dans l'espace ouvert, l'esprit s'élève à travers le désordre de sa propre expérience pour s'épanouir dans l'infini de la conscience inconditionnelle. Cette déesse qui exauce les souhaits incarne le cœur de la compassion active ; sa vision révèle le caractère inséparable de toute existence. Méditez sur sa présence dans votre vie, et vous réaliserez vous aussi la capacité augmentée de l'état libéré.

PROSPÉRITÉ

Le palais du bouddha de Médecine

Connu en tant que « maître des remèdes », l'Éveillé rassembla tous les dieux de guérison hindous – bodhisattvas de médecine, grands médecins tibétains et grands sages de l'Inde (maîtres des herbes médicinales) – afin de guérir toute l'affliction du monde. Ensemble, ces grands guérisseurs aident la forme humaine à suivre son mouvement naturel vers la guérison. Comme le Dalaï-Lama enseigne que la santé est une question d'équilibre, efforcez-vous d'avoir un corps, un mental et un esprit sains, et ce mouvement naturel sera amorcé.

Regardez profondément en vous-même, vous trouverez le royaume paradisiaque du bouddha de Médecine qui est dans notre corps universel.

RÉTABLIR L'ÉQUILIBRE

Mahakala Chintamani

Om !

Sachez que vous n'êtes riche que si tout le monde autour de vous l'est aussi ! Dans ce tanka, Mahakala se manifeste avec un sourire féroce en tant que gardien de la richesse et de la prospérité. Son message : la véritable richesse s'obtient par la générosité. Son cadeau : la vision compatissante qui libère des attachements qui nous appauvrissent. En faisant don de tous nos accomplissements, matériels, mentaux et spirituels, nous renaissons dans le champ de Bouddha de l'abondance spacieuse, libre de l'avarice et de la peur. Le royaume d'abondance de Mahakala Chintamani deviendra votre réalité. Manifestez-vous en tant que Mahakala Chintamani, exauçant les vœux de tous les êtres sans exception que vous rencontrez sur votre chemin de vie. Voilà la véritable liberté, la véritable richesse.

ABONDANCE

Vision de Yamantaka

Om ! Ah ! Ra ! Pa ! Ka ! Na ! Dhí !

Lorsqu'on se visualise en tant que Yamantaka avec sa parèdre, les essences du corps subtil se concentrent dans le canal central au niveau du chakra du cœur. Les signes de dissolution, qui normalement n'apparaissent qu'au moment de la mort, se changent alors en claire lumière et claire vision. Dissolvez toutes les énergies vitales dans le cœur et vous réaliserez que Yamantaka, le destructeur de la mort, est une manifestation courroucée du bodhisattva de la sagesse Manjushri ! Entraînez-vous à mettre fin à la mort, et soudain vous réalisez l'impermanence de ce monde de Maya, ce monde d'illusion.

IMPERMANENCE

Chakra

Inspiré de la tradition tantrique hindoue, ce tableau dépeint les forces symboliques des chakras qui, dans leur état non transformé, nous confinent à une vie dirigée par nos instincts. Une fois éveillées, ces mêmes énergies puissantes, le lotus du premier chakra, le serpent enroulé du second, et ainsi de suite, deviennent des véhicules pour atteindre notre potentiel le plus profond. Apprenez à rendre visible ce monde invisible. En son essence, la conscience n'a ni esprit ni corps. Dépassez votre esprit intellectuel et conceptuel; méditez et dissolvez votre corps élémentaire pour voir clairement ce corps spirituel. Une fois que vous voyez véritablement, l'illumination peut être envisagée. Éveillez tous les chakras et réalisez que vous êtes en fait un être éveillé empêtré dans ce royaume de Maya, le monde matériel.

ANATOMIE
SPIRITUELLE

La roue de la vie

Tant que nos actions sont dominées par la colère, l'ignorance et l'orgueil, nous sommes perdus dans un monde d'illusions, tournant dans un cycle sans fin auquel nous n'échapperons pas. Miroir puissant pour les chercheurs spirituels, cette roue est maintenue par les griffes acérées de Mara, drapé de flammes et couronné de coupes crâniennes remplies de sang. Chaque situation, aussi horrible soit-elle, offre l'opportunité d'une intuition libératrice sur notre véritable condition. Dépassez ce domaine logique et conceptuel d'existence illusoire qu'est le monde matériel. Regardez profondément dans votre être essentiel. Tout l'univers se joue à l'intérieur de vous. Vous êtes infini !

LE VOILE DE L'ILLUSION

Tara, déesse de la bienveillance aimante

Chantez Om Tara ! Tou ! Tara ! Tourey ! Swaha !

Née des larmes de la compassion,
Tara Blanche, la déesse de la compassion
active, est là pour assurer votre bien-être.
Manifestez-vous en tant que Tara Blanche
et réalisez que si vous êtes compatissant,
vous n'avez pas d'autre choix que d'être
libre de toute souffrance.

DOUCE SAGESSE

L'Éveillé

Le Bouddha, au moment de l'illumination, invoqua la terre comme témoin tandis qu'il la touchait de la main droite. Le soleil et la lune s'immobilisèrent, et toutes les créatures du monde vinrent prêter allégeance au Suprême qui avait franchi les limites de l'existence égocentrique. « Soyez une lumière pour vous-mêmes », déclara le Bouddha à la fin de sa vie. Au-delà de votre corps physique, il y a le corps éveillé ! Comme l'a fait le Bouddha, éveillez-vous à votre propre conscience inconditionnelle intrinsèque !

AU-DELÀ DE L'EGO

Tara Verte

Chantez Om Tara ! Tou ! Tara ! Tourey ! Swaha !

Le blanc, le jaune et le bleu – couleurs qui symbolisent la pacification, l'augmentation et la destruction – fusionnent pour révéler Tara Verte rayonnante. La mère cosmique est toujours prête à venir vous secourir des huit grandes peurs ; elle est la grande protectrice contre toute nuisance et toute malveillance. Tout comme un enfant est intrépide en présence de la Mère Divine, menez votre vie sans peur ! Le monde matériel n'est qu'une illusion.

PROTECTRICE SUPRÊME

Le bouddha de Médecine

Le bouddha guérisseur tient dans sa main droite un brin d'arura, base de la plupart des médicaments tibétains. Dans sa main gauche, il tient un bol contenant trois formes d'un nectar qui guérit les maladies et ressuscite les morts, empêche de vieillir et illumine l'esprit. Le but de ce bodhisattva est de guérir l'esprit ; notre corps physique n'existe que dans le cadre du temps. Lorsque nous reconnaissons que le monde entier est tenu par Mara, nous réalisons que notre condition physique, elle aussi, est largement le produit de notre propre perception individuelle. La guérison véritable peut commencer lorsque nous découvrons que nous sommes liés aux vastes forces de l'univers. Notre corps fait partie du corps universel, tout comme notre esprit appartient à l'esprit universel. Éveillez le guérisseur divin en vous. Réalisez que la maladie peut affecter le corps, mais jamais le soi véritable.

RÉGÉNÉRATION

Bouddha Shakyamuni

Couronné des joyaux de la conscience impartiale, l'Éveillé émane du cœur de tous les êtres, se manifestant comme la force vitale illimitée de l'univers entier. Libérez la conscience du piège de l'individualité. Lorsque nous reconnaissons le Bouddha comme étant simplement notre propre nature véritable, les graines de l'immortalité mûrissent spontanément. Fondamentalement, le Bouddha inspire la conscience éveillée de notre être le plus profond. Méditez sur le bouddha divin qui est en vous, et libérez-vous des pièges physiques et émotionnels du monde matériel. C'est votre propre cœur qui devient le Bouddha, et qui, pour finir, est le Divin.

LE BOUDDHA INTÉRIEUR

Tara Blanche

Chantez Om Tara ! Tou ! Tara ! Tourey ! Swaha !

Contemplez les sept yeux de Tara, symboles de la compassion qui voit tout. Les yeux situés à droite dispensent des bénédictions, ceux de gauche dissipent les peurs. Son regard pénètre nos nombreuses formes de souffrance, qu'elles soient apparentes (les yeux du visage), psycho-spirituelles (le front) ou basées sur l'activité (les paumes). Le progrès s'exprime par la plante des pieds. Révélez-vous à elle et développez ainsi votre propre cœur compatissant.

AMOUR
INCONDITIONNEL

Mahakala à six bras

Splendide bien qu'effrayant, Mahakala, protecteur du développement spirituel, se dresse au milieu d'une montagne de flammes. Aucun ennemi de l'esprit éveillé, aucune névrose ou négativité ne peut supporter la présence de cette divinité courroucée. Ses six bras représentent l'affermissement de la générosité, de la moralité, de la paix, de la vigueur, de la méditation et de la sagesse intuitive. Son couperet affûté, brandi d'une main, tranche et dépasse les schémas délétères d'agression, de haine et d'ignorance. Mahakala, sans peur ni hésitation, veille à ce que vous soyez sur le sentier divin. Mahakala à six bras garde toujours un œil sur vous.

AU-DELÀ DE LA NÉGATIVITÉ

Yamantaka

Om ! Ah ! Ra ! Pa ! Ka ! Na ! Dhí !

Tel un animal sacrificiel ressuscité, ce dieu visiblement courroucé dirige sa rage transcendantale sur les forces de la mort et de la dissolution en tant que tout-puissant « destructeur adamantin de la mort ». Faites une place dans votre vie à la sagesse de ce destructeur obstiné de la peur, et parvenez à comprendre l'impermanence du monde matériel. En prenant vraiment conscience que chacun de nous mourra un jour, vous pourrez chérir plus tendrement chaque instant de vie. Parvenez à réaliser que la mort n'est qu'un passage de plus. En embrassant la connaissance de la nature temporaire de la vie, nous regardons hardiment la mort en face !

LE DESTRUCTEUR DE LA PEUR

La déesse de la compassion

Om Tara ! Tou ! Tara ! Tourey ! Swaha !

Née d'une unique larme du Boddhisattva de la Compassion, la grande Tara est connue comme «Celle qui sauve». Entourée de fleurs de lotus pleinement épanouies, symbolisant la pureté innée de l'esprit, les qualités de Tara Blanche sont foncièrement inséparables des nôtres. Sa bienveillance aimante reflète un altruisme inné qui surgit spontanément de la reconnaissance de notre unité avec toute la création. Libérez-vous des pensées égoïstes, soyez courageux et agissez avec altruisme et sagesse pour le bénéfice de tous les êtres : c'est la prescription la plus sûre pour une vie longue et épanouissante.

BIENVEILLANCE AIMANTE

L'Éveillé

Bouddham ! Saranam ! Gachami !

Par compassion, les êtres éveillés ne se détournent jamais des horreurs de la souffrance des autres êtres. Leur regard traverse les apparences tortueuses pour atteindre les profondeurs infinies de la beauté exquise de la liberté et de la joie au cœur de chaque être. Les bouddhas ne sont toutefois pas des objets d'adoration, mais le reflet des profondeurs de notre être, des symboles du voyage qui mène de l'ignorance à l'illumination. «Ce n'est pas moi qu'il faut voir», disait le Bouddha, «mais l'état d'éveil». Méditez sur votre propre véritable nature de bouddha et vous aussi, vous connaîtrez la paix.

L'ESPRIT ÉVEILLÉ

Tara Blanche

Chantez Om Tara ! Tou ! Tara ! Tourey ! Swaha !

Connue comme « Celle qui entend les pleurs du monde », Tara viendra toujours à votre secours lorsque vous appellerez. Sa couleur est blanche comme la lune d'automne et claire comme un joyau pur et cristallin ; elle irradie une lumière de pureté sans concession. Elle est la Vérité, complète et indifférenciée. En chacun de nous se trouve Tara Blanche, déesse de la compassion. Manifestez-vous en tant que Tara Blanche, déesse de la compassion active, et inondez cette planète d'Amour pur.

MÈRE DE TOUS
LES BOUDDHAS